Este libro está dedicado a mis hijos - Mikey, Kobe y Jojo.

Copyright © 2022 Grow Grit Press LLC. Todos los derechos reservados. Ninguna parte de este libro puede ser reproducida en ninguna forma sin el permiso por escrito de la editorial. Por favor, envíe solicitudes de pedido al por mayor a growgritpress@gmail.com Impreso y encuadernado en los Estados Unidos. NinjaLifeHacks.tv Paperback ISBN: 978-1-63731-541-5 Hardcover ISBN: 978-1-63731-542-2

La Ninja Inventora

Por Mary Nhin

¿Puedes crear un robot de cinta adhesiva, tubos y cajas de cartón?
¡Sí Puedo!

¿Puedes inventar cosas mientras haces caca?
¡Sí Puedo!

¿Puedes inventar mientras duermes?
¡Sí Puedo!

Me encanta inventar cosas y vivo en Positano, Italia.

Cuando el Ninja Perezoso era demasiado flojo para tirar de la cadena, creé un inodoro que se descarga automáticamente.

creé una herramienta especial de entrenamiento de fútbol para que la Ninja Animosa no perdiera su ritmo.

Y cuando el Ninja Deshonesto comenzó a decir una mentira, creé una aplicación de teléfono que le alertó del peligro antes de que pudiera decir una mentira.

Todos mis amigos de la ciudad se reunieron alrededor. Hablaron de lo que podría ser el problema y discutieron posibles soluciones.

El Ninja Perezoso dijo...

¡Intenta esto!

La Ninja Animosa dijo...

¡Intenta esto!

Pero no funcionó.

Entonces, oí un golpe en la puerta.

Entonces, de repente uno de nuestros juegos favoritos se rompió...
¿Y sabes qué pasó después?

¡Mi foco se encendió e inventé una nueva manera de jugar el juego!

Si alguna vez te sientes no tan creativo, solo haz algo divertido para relajarte. ¡Hacer esto libera tu mente para que pueda recargarse!

¡Visita ninjalifehacks.tv para obtener imprimibles divertidos gratis!

 @marynhin   @GrowGrit
#NinjaLifeHacks

 Mary Nhin   Ninja Life Hacks

 Ninja Life Hacks

 @ninjalifehacks.tv

www.ingramcontent.com/pod-product-compliance
Lightning Source LLC
Chambersburg PA
CBHW041107070526
44583CB00002B/92